Christiane Grabe

Welche Grenzen braucht mein Kind?

Mit Liebe erziehen

FRANCKE
Verlag der Francke-Buchhandlung GmbH

Über die Autorin:
Christiane Grabe ist verheiratet, hat vier Kinder und lebt mit ihrer Familie in Kronberg/Taunus. Ursprünglich Augenoptikermeisterin, ist sie schon seit Jahren hauptberuflich Familienfrau. Immer noch geht es täglich um 2 Themen: Liebe und Grenzen.

Bibliografische Information Der Deutschen Bibliothek
Die Deutsche Bibliothek verzeichnet diese Publikation in der Deutschen Nationalbibliografie; detaillierte bibliografische Daten sind im Internet über http://dnb.ddb.de abrufbar.

ISBN 3-86122-707-X

35037 Marburg an der Lahn
Umschlaggestaltung: Henri Oetjen, DesignStudio Lemgo
Satz: Verlag der Francke-Buchhandlung GmbH
Druck: Oldenbourg Taschenbuch GmbH

www.francke-buch.de

Inhaltsverzeichnis

Einleitung

Kinder sind vor allem Lieferanten von Problemen. Aber mit diesen Problemen vitalisieren sie das Leben der Eltern.

Helm Stierlin

Wenn man mir den ersten Satz dieses Zitats vor fünfzehn Jahren gesagt hätte, wäre ich bestimmt anderer Meinung gewesen. Kinder sind doch ein wunderbares Geschenk! Und erst die Babys: fast alle nur niedlich, drollig, putzig ...

Dann wurde ich tatsächlich schwanger, was ich mir nach einiger, zunächst bewusst kinderloser Ehezeit sehr gewünscht hatte. Zuerst war es ernüchternd: jeden Tag Übelkeit und Erbrechen! Aber auch dieser anstrengende Abschnitt hatte ein Ende, und insgesamt wurde es eine wirklich schöne Zeit. Wir freuten uns sehr auf den Augenblick, wenn wir den kleinen Schatz ganz real sehen würden. Und dann war unsere erste Tochter da. Die Geburt war leicht gewesen und wir waren überglücklich mit diesem neuen Menschlein.

Aber es dauerte nur kurze Zeit, bis ich vor dem ersten echten Problem stand. Meine Tochter dachte nämlich nach der Geburt und dem ersten Stillen acht Stunden lang überhaupt nicht daran, zu trinken. Anscheinend war sie satt und zufrieden, aber den Säuglingsschwestern gefiel das gar nicht. Sie meinten, das

Baby würde austrocknen, es müsse unbedingt trinken. So wurde mein kleiner Schatz gekniffen und geschüttelt, doch sie wachte nicht auf und schlief einfach weiter. Die bemühten Schwestern hörten irgendwann resigniert auf und ließen eine sehr verunsicherte junge Mutter zurück.

Was sollte ich machen? Ich entschied mich dafür, abzuwarten. Mein Baby war gesund, und eine Geburt ist ja schließlich ganz schön anstrengend für so ein kleines Würmchen. Das erwies sich im Nachhinein dann auch als genau der richtige Gedanke.

Bei meinen drei weiteren Kindern kannte ich dieses Verhalten schon, und sie hatten den Vorteil, dass sie nicht mehr im ersten Schlaf gestört wurden. Und ich machte mir keinen Stress mehr.

Meine Kinder sind jetzt zwischen 8 und 15 Jahre alt, und ich kann Ihnen versichern: Die Probleme haben bis heute nicht aufgehört. Aber ich kann auch den zweiten Satz des Zitats oben voll und ganz unterschreiben: Durch meine Kinder kommt eine Lebendigkeit und Lebensfreude in meinen und unseren Tag, die ich nicht missen möchte.

Ich möchte Sie in einige wichtige Fragen mit hineinnehmen, die sich mir als Ehefrau und Mutter immer wieder gestellt haben. Ich hoffe, dass Sie die Antworten hilfreich finden, die ich dafür gefunden habe. In der Theorie beziehe ich mich insbesondere auf das Buch von Ross Campbell: „Kinder sind wie ein Spiegel" (s. „Weiterführende Literatur", S. 64), das mich gleich beim ersten Lesen sehr angesprochen hat. Sehen Sie selbst, was dann in der Praxis daraus geworden ist!

1. Brauchen Kinder überhaupt Grenzen?

Zu Anfang möchte ich Ihnen ein paar Beispiele für Erziehungsepisoden schildern, bei denen selbst einem unbeteiligten Zuschauer der Verdacht kommen könnte, dass irgendetwas am Umgang miteinander verändert werden sollte.

- Ein Vierjähriger wirft sich im Supermarkt auf den Boden, schreit und tritt nach seiner Mutter, weil er nicht die gewünschte Schokolade bekommen soll. Diese steht hilflos daneben und versucht, mit ihm zu diskutieren.
- Meine drei Jahre alte Tochter ist hingefallen und hat sich wehgetan. Sie läuft zu mir (ich stehe ganz woanders) und schlägt mich – offensichtlich hat sie das Gefühl, dass hier jemand bestraft werden muss.
- Ein Vater unterhält sich mit Freunden im Wohnzimmer. Der Dreijährige kommt mit einer Flöte im Mund herein und erzeugt äußerst schrille Pfeifgeräusche. Der Vater ermahnt ihn: „Lass das, das ist jetzt zu laut" – mehr als einmal. Offensichtlich animiert das den Sohn aber dazu, umso heftiger in sein Instrument zu blasen. So wendet sich der Vater schließlich mit einem Lächeln, das zwischen Belustigung und Entschuldigung liegt, wieder dem Gespräch mit den anderen Erwachsenen zu, das

jetzt eine Weile in größerer Lautstärke geführt werden muss.

- Zahlreicher Besuch ist da, es wird aufwändig gekocht und alle finden sich am gedeckten Tisch ein. Da meint meine 7-jährige Tochter laut und deutlich: „Das esse ich nicht, sieht ja total eklig aus, wie ausgekotzt!"

Sicher fallen Ihnen noch viele weitere Beispiele ein. Doch was geht hier vor, woran liegt ein solches Verhalten? An nicht gesetzten Grenzen? Die Antwort ist oft gar nicht so einfach. Und es geht nicht immer um Grenzen. Aber immer ist es eine Botschaft, die unsere Kinder uns da auf ihre Weise vermitteln wollen!

Jeder Mensch ist ein Individuum

Jeder Mensch ist ein wunderbares, einzigartiges Geschöpf. Davon bin ich überzeugt – aber auch davon, dass Menschen ganz schön kompliziert sind. Das stelle ich unter anderem immer wieder an mir selbst fest. Heute will ich dies, morgen das und übermorgen denke ich schon wieder anders. Und eigentlich ist daran gar nichts auszusetzen, im Gegenteil. Wir sind nicht starr festgelegt, wir sind auf unserem Lebensweg unterwegs und unsere Kinder auf ihrem. Sie entwickeln sich nur viel schneller als wir, und besonders im ersten Lebensjahr vergeht kaum ein Tag, an dem nicht etwas Neues an unserem Baby zu entdecken ist.

Es ist erstaunlich, was für unterschiedliche Kinder es in ein und derselben Familie gibt. Das liegt an der

Variationsbreite der angeborenen Wesensmerkmale. Stella Chess und Alexander Thomas haben in einer Untersuchung zu Wesensmerkmalen und Verhaltensstörungen bei Kindern neun Wesensmerkmale bezeichnet, die zeigen, warum einige Kinder für bestimmte Eltern leichter zu erziehen sind als andere und warum Kinder ihren Eltern unterschiedlich liebenswert und einfach im Umgang erscheinen. Ross Campbell hat diese Übersicht in seinem Buch dargestellt:

„Es werden neun Wesensmerkmale beschrieben, die in einer Säuglingsabteilung bei Neugeborenen erkannt wurden. Diese sind nicht nur angeboren (kongenital), sondern sie stellen auch die Grundwesenszüge eines Kindes dar und sind im Allgemeinen bleibend. Diese Wesenszüge können durch die Umgebung des Kindes abgewandelt werden; nichtsdestoweniger sind sie in der ganzen Persönlichkeit des Kindes so tief verwurzelt, dass sie sich nicht so leicht ändern und in der Regel das ganze Leben hindurch erhalten bleiben. Hier eine Übersicht der angeborenen Wesensmerkmale:

1. Das *Aktivitätsniveau* ist die motorische Aktivität, die ein Kind von Natur aus hat und die sein aktives oder passives Verhalten bestimmt.
2. *Rhythmus* (Regelmäßigkeit bzw. Unregelmäßigkeit) ist die Voraussagbarkeit solcher Erscheinungen wie Hunger, Essgewohnheiten, Stuhlgang oder der Schlaf-Wach-Zyklus.
3. *Zuneigung oder Ablehnung* ist die Art der Reaktion eines Kindes auf einen neuen Reiz wie z.B. eine

neue Speise, ein neues Spielzeug oder eine ihm unbekannte Person.

4. Als *Anpassungsvermögen* gilt die Zeit und die Leichtigkeit, mit der ein Kind auf eine veränderte Umwelt reagiert und sein bisheriges Verhalten den neuen Gegebenheiten anpasst.
5. *Reaktionsintensität* ist die Energiemenge, die zum Ausdrücken von Stimmungen aufgebracht wird.
6. Die *Reaktionsschwelle* ist die zur Auslösung einer Reaktion erforderliche Reizintensität.
7. *Stimmungsqualität* (positive bzw. negative Gestimmtheit): spielerisches, heiteres, fröhliches, freundliches Verhalten im Gegensatz zu unlustigem, nörgelndem, unfreundlichem Wesen.
8. Als *Ablenkbarkeit* bezeichnet man die Auswirkung äußerer Einflüsse auf das derzeitige Verhalten.
9. Die *Aufmerksamkeitsspanne und Ausdauer* ist die Zeitspanne, während der ein Kind eine bestimmte Handlung verfolgt, und die Fortsetzung einer Tätigkeit trotz auftretender Hindernisse.“

Äußere Einflüsse

Die Entwicklung eines Kindes ist also nicht nur von der häuslichen Umgebung, sondern ebenfalls von seinen persönlichen Wesenszügen abhängig. Aber selbstverständlich sind äußere Einflüsse sehr wichtig. Falsch ist nur, diese zu verabsolutieren, wie das in der Vergangenheit manchmal gemacht wurde, und Kinder als reines Produkt ihrer Umgebungseinflüsse und Lernerfahrungen anzusehen. Erst im Zusammenwirken mit den Anlagen eines Kindes bekommen sie eine entscheidende Bedeutung. Was hat nicht alles Einfluss auf unsere Kinder? Fernsehen, Video, Medien, Werbung, Krabbelkreis, Großeltern, Nachbarn, Kindergarten, Schule usw. Aber an erster Stelle steht eben doch die Familie.

„Es ist nicht der Staat, nicht die Schule, nicht irgendetwas anderes des Lebens Fundament, sondern das Haus ist es. Nicht die Regenten regieren das Land, nicht die Lehrer bilden das Leben, sondern Hausväter und Hausmütter tun es. Nicht das öffentliche Leben in einem Lande ist die Hauptsache, sondern das häusliche Leben ist die Wurzel von allem, und je nach dem, wie die Wurzel ist, gestaltet sich das andere." (Jeremias Gotthelf, 1797–1854)

Sinngemäß ähnliche Aussagen findet man auch heute in vielen Erziehungsbüchern. Das ist umso wichtiger angesichts der Tatsache, dass unsere Gesellschaft in Erziehungsfragen erstaunlich hilflos geworden ist. Brutalität und Drogen greifen in vielen Schulen ohne echten Widerstand um sich. Mit neuen Konzepten in der Bildungspolitik lässt sich da wenig erreichen, obwohl das jahrzehntelang der Anspruch war.

Wer Kinder in der Schule hat, hört heute ständig von der Pisa-Studie. Die deutschen Kinder haben nicht nur in Sachen Leistung schlecht abgeschnitten, sondern auch im Sozialverhalten. Viele Politiker nehmen das zum Anlass, sich für mehr Ganztagsschulen und neue Hortplätze einzusetzen, in denen Kinder pädagogisch betreut werden sollen. Wann und wie dann allerdings die Eltern noch einen positiven Einfluss auf ihre Kinder geltend machen sollen, wird damit nicht beantwortet!

Als unsere zweite Tochter auf die weiterführende Schule wechselte, hielt der Direktor eine Ansprache. Von Seiten der Schule und der Lehrer solle alles getan werden, dass es eine gute, erfreuliche Schulzeit werde, aber ohne eine Zusammenarbeit mit dem Elternhaus gehe es nicht! Die Erziehungsverantwortung könne nicht an die Schule abgegeben werden. Es ist eine große Verantwortung, aber auch wunderbar, dass wir es sind, die das „Lebensfundament" für unsere Kinder legen dürfen, und dass dieses bedeutender ist als all die vielen weiteren Einflüsse, die natürlich auch da sind.

Was soll das Erziehungsziel sein?

Wenn unser Einfluss, das heißt die Erziehung, nun aber so wichtig ist, wie sollte man dann das Ziel dafür definieren? Das wird in jeder Familie sicher etwas anders aussehen. Und außerdem muss man auch noch bei jedem Kind neu hinschauen. Trotzdem möchte ich eine einfache, kurze Umschreibung vorschlagen, die die meisten von Ihnen wahrscheinlich mittragen können:

Ich wünsche mir, dass unsere Kinder glückliche, selbstständige und verantwortungsvolle Menschen werden.

Erziehungsmodelle

Um deutlich zu machen, was auf dem Erziehungsweg hilfreich ist, möchte ich zunächst einmal benennen, was erwiesenermaßen nicht funktioniert.

Da ist die

Antiautoritäre Erziehung: Das Kind tut in weiten Grenzen, was es will. Getrieben vom Lustprinzip probiert es über Versuch und Irrtum aus, was auf dieser Welt Erfolg bringt und was nicht. Dieses Modell soll hier nicht weiter ausgeführt werden. In meiner Kindheit waren viele Eltern spürbar durch die damals in Mode gekommenen antiautoritären Erziehungskonzepte verunsichert. Das machte sie ihren Kindern gegenüber oft unentschlossen bis handlungsunfähig, nur gelegentlich, wenn sie gar nicht mehr konnten, platzte ihnen gänzlich unideologisch der Kragen. Ohne Werte und ohne Orientierung ist das Zusammenleben für alle Familienmitglieder äußerst schwer. Die Kinder bezahlen letztlich das meiste der Kosten dieser Orientierungslosigkeit.

Laissez-faire Erziehung: Diese würde ich als modernen Nachfahren des oben beschriebenen Modells betrachten. Anstelle einer immerhin klar umrissenen Protestideologie ist eine weniger greifbare, von Verunsicherung getragene Mischung aus Verwöhnung und Vernachlässigung getreten. Das Individuum wird ganz groß geschrieben. Das Kind darf nicht mehr alles machen, doch das Ich ist wichtiger als das Wir. Das beanspruchen allerdings auch gleichzeitig sehr viele Eltern für sich. Und so werden Kinder durchschnittlich über immer längere Zeiten im Hort abgegeben, weil ihre Eltern größere Freiräume möchten, auch die Einführung von Ganztagsschulen entspricht dem Wunsch vieler Eltern. Ist das Kind aber zu Hause, hat es Anspruch auf Beschäftigung und weitgehende Wunscherfüllung, Grenzen werden kaum gesetzt. Wir erleben zurzeit viele Folgen dieses Erziehungsstils: Ellbogendenken, wenig Rücksichtnahme auf andere, Mobbing in der Schule und am Arbeitsplatz.

Beide Modelle basieren auf der Grundlage eines humanistischen Menschenbildes: *Der Mensch ist von Grund auf gut. Alles Schlechte und Böse kommt von außen, meine Aufgabe als Elternteil ist es, dieses Gute zu fördern und sich entfalten zu lassen.*

Schön, wenn es so wäre, doch die Realität zeigt, dass es nur ein Wunsch ist. Unsere Kinder sind leider anders. Sie sind eben nicht nur gut, sie haben auch andere Anteile in sich, ebenso wie ich es auch habe. Und da liegt, kurz gesagt, schon das Problem: Wenn ich von einem falschen Menschenbild ausgehe, muss ich falsche Ergebnisse bekommen. Der Mensch ist beides, gut und böse, und zwar von Anfang an. Das entspricht auch dem christlichen Menschenbild. Mit „böse" meine ich hier, dass ein Mensch aus eigener Kraft nicht in der Lage ist, mit anderen und auch mit sich selbst so umzugehen, dass Ziele wie Frieden oder Glück erreicht werden. Er ist darauf angewiesen, dass ihm Werte und Grenzen vermittelt werden.

Wie soll ich nun aber mein Kind erziehen? Ich möchte Ihnen in Kapitel 2 ein Erziehungsmodell vorstellen, das dieses christliche Menschenbild als Grundlage hat. Es wird im bereits erwähnten Buch „Kinder sind wie ein Spiegel" dargestellt und hat mich zutiefst überzeugt, als ich es vor ca. zwölf Jahren das erste Mal gelesen habe. Inzwischen habe ich viele Erfahrungen damit sammeln können.

2. Was Kinder wirklich brauchen

Das Fundament

„Liebe ist geduldig und freundlich. Sie kennt keinen Neid, keine Selbstsucht, sie prahlt nicht und ist nicht überheblich. Liebe ist weder verletzend noch auf sich selbst bedacht, weder reizbar noch nachtragend. Sie freut sich nicht am Unrecht, sondern freut sich, wenn die Wahrheit siegt.“ (1. Brief an die Korinther 13,4-6)

Ja, das brauchen unsere Kinder: bedingungslose Liebe. Wenn mein Kind dieses Grundgefühl hat: „Egal, was passiert ist, egal, was ich mache, meine Eltern haben mich lieb“, dann ist die Basis gelegt. Auf diesem Fundament kann Erziehung gelingen und muss nicht zu großer Last werden.

Aber vielleicht klingt das jetzt noch sehr theoretisch. Wie kann Liebe denn so ausgedrückt werden, dass sie beim Kind ankommt, dass sie gute Auswirkungen auf das Kind hat und letztlich auch das Kind immer mehr liebenswerte Anteile entwickelt? Wie kann ich zum Beispiel aus Liebe handeln, obwohl ich meinen kleinen oder großen Schatz in seinem Verhalten gerade sehr missbillige?

Erziehungsmodell nach Ross Campbell

Im Folgenden beziehe ich mich auf das Erziehungsmodell nach Ross Campbell, das ich Ihnen hier im Überblick vorstelle. Es beruht auf vier verschiedenen Arten, dem Kind Liebe zu zeigen. Drei davon sind direkt, eine indirekt.

1. Augenkontakt 2. Körperkontakt 3. Konzentrierte Aufmerksamkeit	füllt den „emotionalen Tank“	zeigt dem Kind bedingungslose Liebe
4. Grenzen und Disziplin	geben Halt, stecken den Rahmen ab	

Erziehungsmodell nach Ross Campbell

Augenkontakt

„Wenn wir eine liebevolle Beziehung zu unserem Kind herstellen wollen, erscheint uns der Augenkontakt im ersten Moment verhältnismäßig unwichtig. Wenn wir uns aber mit Kindern bzw. dem Eltern-Kind-Verhältnis beschäftigen oder einschlägige Untersuchungen studieren, wird uns klar, wie wesentlich der Augenkontakt ist. Er fördert nicht nur die Kommunikation mit dem Kind, sondern trägt auch zur Erfüllung seiner emotionalen Bedürfnisse bei. Ohne dass wir es selbst merken, ist der Augenkontakt das wichtigste Mittel, das Kind unsere Liebe spüren zu lassen. Ein Kind braucht den Blickkontakt mit seinen Eltern, um emotional versorgt zu sein.“ (Ross Campbell)

Wir können den Blickkontakt natürlich auch nutzen, um unfreundlich zu gucken – aber Ross Campbell geht es darum, dass wir nicht nur dann hinsehen, wenn es etwas zu tadeln gibt, sondern dass wir die Möglichkeit des Ansehens nutzen, um dem Kind positive Signale zu senden.

Ein Beispiel: Meine Tochter hatte vor einigen Wochen das Schaukeln gelernt. Wir sind auf dem Spielplatz, sie schaukelt, ich sitze mit anderen Müttern auf der Bank. Es dauert gar nicht lange, und ein lautes „Mamiii" erschallt von der Schaukel. Ich winke ihr zu und rufe: „Toll machst du das!" Dieses Spiel findet unendlich oft statt (denn es gibt noch die Rutsche, die Wippe, das Klettergerüst ...).

Sie möchte gesehen werden, ist stolz darauf, was sie kann, und sie will mit mir kommunizieren. Ich will vielleicht vor allem meine Ruhe oder bin im Gespräch mit anderen Müttern, doch wenn ich auf ihr Bedürfnis nicht immer wieder eingehe, fehlt ihr Entscheidendes und sie ist unzufrieden. Das wird sich dann wieder auch auf meine echten Erholungszeiten auswirken, denn ein unzufriedenes Kind wird mich nerven, um wenigstens im Unguten Aufmerksamkeit zu bekommen.

Augenkontakt herzustellen ist eigentlich ganz leicht, ich muss mein Kind beim Reden nur ansehen. Aber so automatisch passiert es dann doch leider nicht. Gerade bei alltäglichen Beschäftigungen sehe ich dorthin, wo ich gerade arbeite, und gebe unkonzentrierte Antworten. Dabei ist es so wichtig, das Kind zwischendurch auch mal richtig anzusehen, damit es unsere Kommunikation nicht vor allem als ein Abwimmeln versteht.

Körperkontakt

„Es scheint, dass die nächstliegende Art, einem Kind unsere Liebe zu zeigen, der körperliche Kontakt ist. Merkwürdigerweise zeigen Untersuchungen, dass die meisten Eltern ihre Kinder nur berühren, wenn die Notwendigkeit dazu besteht, nämlich beim An- oder Ausziehen oder beim Einsteigen ins Auto. Im Übrigen nutzen nur wenige Eltern diese einfache Möglichkeit, ihren Kindern auf mühelose Weise die bedingungslose Liebe zu zeigen, die Kinder so dringend brauchen.“ (Ross Campbell)

Dabei geht es nicht nur um Küssen oder Umarmen, sondern um jede der vielen Arten körperlichen Kontaktes. Ob ich meinem Kind mal über den Kopf streiche, die Hand auf die Schulter lege oder ihm einen Stups gebe. Mit kleinen Kindern ergibt sich häufiger Körperkontakt. Zum einen, weil sie viel direkt auf den Körper bezogene Hilfe brauchen, aber auch beim Vorlesen, beim Balancieren, beim Trösten. Oft kommen sie auch einfach so ohne ersichtlichen Grund auf den Schoß gekrabbelt. Bei größeren Kindern gibt es unterschiedliche Vorlieben, und es kommt mehr darauf an, ob Erwachsene auch auf sie eingehen. Das kann eine Kurzmassage sein, ein bisschen Knuddeln morgens beim Aufwecken, nach dem Abendbrot auf Papas Schoß zu sitzen, draußen eingehakt oder Arm in Arm zu laufen, Huckepack ins Bett gebracht zu werden ...

Es gibt viele Gelegenheiten, wir müssen nur wachsam sein, was unser Kind mag, und wissen, dass dieses Bedürfnis auch bei größeren Kindern weiterhin da ist.

Konzentrierte Aufmerksamkeit

„Was ist konzentrierte Aufmerksamkeit? Sie bedeutet, einem Kind unser volles ungeteiltes Interesse zu schenken, so dass es unserer absoluten Liebe sicher ist.

Konzentrierte Aufmerksamkeit erfordert Zeit. Das kann bedeuten, dass Eltern zuweilen etwas aufgeben müssen, was sie lieber täten. Liebevolle Eltern werden merken, dass ihr Kind diese gezielte Aufmerksamkeit manchmal zu einem Zeitpunkt braucht, wo es ihnen am wenigsten passt." (Ross Campbell)

Konzentrierte Aufmerksamkeit ist das dringendste Bedürfnis eines Kindes. Aber das Kind kann es nicht direkt ausdrücken. So haben wir Eltern oft große Schwierigkeiten, dieses Bedürfnis zu erkennen und zu erfüllen. Eltern sind sich oft nicht darüber bewusst, wie stark ihr Kind zwischen beiläufiger und konzentrierter Aufmerksamkeit unterscheidet. So nehmen sie nach meiner Beobachtung oft stundenlang in Kauf, dass ihr Kind quengelnd hinter ihnen herläuft, durch „Unartigkeit" auf sich aufmerksam macht usw. Sie sind selber mit den Nerven am Ende, merken aber nicht, dass zwei- oder dreimal wenige Minuten wirklich konzentrierter Aufmerksamkeit ausgereicht hätten, damit das Kind zufrieden für sich hätte spielen können.

Ich möchte diesen Bereich gerne noch unterteilen. Wenn ich meinem Kind etwas vorlese, ihm etwas erzähle, zusammen mit ihm einer Ameise beim Läusemelken zusehe, die Hausaufgaben bespreche, mit ihm für eine Klassenarbeit übe oder ihm zeige, wie es Kartoffeln schälen kann, so ist das eine leichte Aufgabe für mich. Ja, viele Sachen machen mir geradezu Freude, wenn ich sie mit meinem Kind zusammen erlebe.

Aber es gibt auch ungelegenere Situationen, wo es darauf ankommt, ob ich bereit bin, *jetzt* diese konzentrierte Aufmerksamkeit aufzubringen. Ich mache zum Beispiel gerade das Mittagessen und mein Kind kommt ganz zerknirscht aus der Schule. Am Essen hat es gerade überhaupt kein Interesse. Da ist es besser, dass ich erst mal die Töpfe vom Herd stelle und mir Zeit zum Reden nehme. (Der Rest der Kinderschar darf sich zwischendurch einen Keks in den Mund stecken, wenn der Hunger zu groß wird.)

Oder abends, beim Gute-Nacht-Sagen, kommen die Tränen über ein dickes Problem. Nun muss ein Termin warten, es kommt darauf an, hier Prioritäten zu setzen. Was ist wichtiger: dass ich pünktlich komme (vielleicht kann ich sogar noch schnell Bescheid sagen, dass es etwas später wird) oder dass mein Kind mit diesem Problem nicht alleine bleibt? Sicher kann es dann auch viel besser schlafen, wenn eine Lösung gefunden wurde oder wenigstens mal alles ausgesprochen werden durfte.

Diese nicht vorherzusehenden und einzuplanenden Momente sind es, in denen mich mein Kind braucht. Und es ist gut, wenn ich mir dessen bewusst bin und reagiere, indem ich entschieden da bin.

Der „Emotionale Tank“

Dieses Wort ist mir bei Ross Campbell zum ersten Mal begegnet. Er umschreibt damit bildlich, dass ein Kind in der Lage ist, für eine gewisse Zeit aus seinem Vorrat an positiven Gefühlen zu leben, die es vorher gesammelt hat.

„Augen- und körperlicher Kontakt, verbunden mit konzentrierter Aufmerksamkeit, sind das wirksamste Mittel, um den emotionalen Tank eines Kindes zu füllen und es in die Lage zu versetzen, sein Bestes zu geben." (Ross Campbell)

Ist der Tank voll, fühlt sich ein Kind gut, kann positiv und interessiert auf andere Menschen zugehen und ebenso fantasievoll und selbstvergessen spielen. Letztlich geht es immer wieder darum, dass ein Kind bedingungslose Liebe braucht. Hat es genug davon bekommen, ist der emotionale Tank voll. Heinrich Heine sagt es mit seinem bekannten Satz: „Mit einer Kindheit voll Liebe kann man ein ganzes Leben aushalten." Trotzdem glaube ich, dass der emotionale Tank auch bei Erwachsenen immer wieder mal nachgefüllt werden muss. Im Gegensatz zu Kindern dürfen die Abstände hier allerdings größer sein.

Was brauchen Kinder wirklich?

Nachdem ich am Anfang dieses Kapitels noch sehr allgemein gesagt hatte, dass es liebevolle Zuwendung ist, die Kinder brauchen, können wir es jetzt deutlich genauer ausdrücken: Was Kinder brauchen, ist ein voller emotionaler Tank, und zwar über Augenkontakt, Körperkontakt und konzentrierte Aufmerksamkeit.

Alle Eltern lieben ihre Kinder und wollen das Beste für sie. Mir hat das genannte Modell sehr gut gefallen. Wie kann ich aber sicher sein, dass mein Kind gut versorgt ist? Ich glaube nicht, dass sich das immer gewährleisten lässt. Mit Sicherheit habe ich nicht in allen Situationen so reagiert, wie es dieses Modell verlangt. Das merke ich immer wieder an den Reaktionen meiner Kinder – und Engel sind es auch nicht geworden. Aber unser Zusammenleben macht Spaß und wir haben ein gutes Verhältnis. Wir sind auch noch nicht am Ende unserer Erziehungsaufgabe angelangt. Doch ich kann sagen, dass mir die Frage „Wie voll ist jetzt wohl der Tank bei meinem Kind?" oft weitergeholfen hat. Denn meine Aufgabe ist nicht nur, zu sehen, wie ich geben und nachfüllen kann, sondern ich muss auch lenken und steuern. Dieser Bereich der Erziehung, nämlich Grenzen und Disziplin, soll im 4. Kapitel behandelt werden.

In der Praxis mache ich immer wieder die Erfahrung, dass die einzelnen Wege, um den emotionalen Tank aufzufüllen, stark miteinander zusammenhängen. Beschäftige ich mich mit meinem Kind, so werde ich es auch öfter ansehen oder berühren, da greift eins ins andere. Wichtig für mich war, mir über diese Zusammenhänge bewusst zu werden, um dann immer wieder Neues auszuprobieren und eigene Wege und Formen zu finden.

3. Wie geht es mir als Mutter/Vater?

Das hat eigentlich nichts mit dem Thema zu tun, könnte man sagen, und doch möchte ich es als eigenes Kapitel einschieben. Ich habe zu dem Thema dieses Buches Referate gehalten und dabei gemerkt, wie wichtig es ist, darüber zu sprechen, wo ich als Frau und Mutter stehe und wie es mir geht.

Claudia Filker begann einmal vor Frauen einen Vortrag zum Thema Kindererziehung, indem sie sinngemäß etwa so sagte: „Liebe Frauen und Mütter, setzen Sie sich bitte ganz bequem hin, lehnen Sie sich zurück und akzeptieren Sie jetzt einfach mal: Wir machen alle Fehler, wir machen viele Fehler bei unseren Kindern und deren Erziehung!"

Es entstand ein bisschen Unruhe im Saal, etwa zweihundertfünfzig Frauen waren anwesend, doch dann legte sich ein entspanntes Lächeln auf viele Gesichter.

Wir möchten es gut und richtig machen (darum investieren Sie zum Beispiel Ihre kostbare Zeit und lesen dies Büchlein), doch wir werden trotzdem Fehler machen. Und dies ist auch gut so, denn wenn wir vollkommen wären, würden wir unseren Kindern unerfüllbare Ansprüche für ihr eigenes Leben mitgeben. Solche Übermenschen wären keine Vorbilder, sondern eine Bedrohung. Wir sind Menschen mit Stärken und Schwächen, und es ist wichtig, dass wir das annehmen. Wenn unser Anspruch zu hoch ist, sind wir nicht zufrieden und unsere Familien auch nicht.

Entschuldigen

Es ist in fast allen Beziehungen gut, ehrlich zu sein, und in der Familie ist es eine Bedingung. Wenn ich ein Signal meines Kindes falsch deute, unter starkem Stress stehe, mich schlecht oder krank fühle, mache ich oft Fehler. Ich fühle mich vielleicht angegriffen oder missachtet und reagiere entsprechend grob. Wenn ich dann merke, dass ich die Sachlage falsch beurteilt habe und meinem Kind Unrecht getan habe, ist es wichtig, im Nachhinein die Situation zu erklären und mich zu entschuldigen. Ein Baby wird das noch nicht verstehen, aber mit ca. zwei Jahren ist es bereits wichtig für ein Kind. Ich erwarte auch von meinem Gegenüber, dass es sich entschuldigt, wenn es Unrecht getan hat, und das kann mein Kind nirgends besser lernen als an meinem Vorbild.

Wie geht es Ihnen selbst?

Bei allen Fragen, die mit den eigenen Kindern zu tun haben, ist ein wichtiger Faktor, in welchem Kontext mein Kind aufwächst.

Dazu gehört die Frage nach der *sozialen* Situation, ob zum Beispiel die Wohnung ausreichend groß ist, ob beide Elternteile aus finanziellen Gründen arbeiten müssen usw., und die Frage nach der *familiären* Situation. Sind Sie allein erziehend, leben Sie mit Ihren Eltern oder Schwiegereltern zusammen unter einem Dach, sind Sie verheiratet, welchen Anteil an der Erziehung trägt Ihr Partner, wie viele Geschwister hat das Kind und wo steht es in der Geschwisterreihe? Das alles wirkt sich natürlich darauf aus, wie sich Ihr Kind entwickeln kann. Für entscheidend halte ich aber die Frage, ob Sie selbst zufrieden mit Ihrer Lebenssituation sind oder nicht.

Die meisten Mütter denken zuerst an ihr Kind und daran, wie es ihm geht. Dafür spricht vieles, und Kinder sind immer auf ein Stück mütterliche Hingabe angewiesen. Doch sieht man es nur von dieser Seite, geht die Rechnung nicht auf. Es ist wichtig, dass es der Bezugsperson des Kindes gut geht. Mit gut gehen meine ich nicht, dass ich immer lachend und gut gelaunt durch den Alltag schwebe. Aber es ist wichtig, dass ich stabil bin, dass ich davon überzeugt bin, mit meinen Aufgaben am richtigen Platz zu sein, und dass ich zufrieden bin. Wer sich im Dauerstress befindet, sich ständig überfordert oder vielleicht auch unausgefüllt fühlt, ist nicht in der Lage, sein Kind emotional aufzutanken! Im Gegenteil: Das Kind, das sich gefühlsmäßig unterversorgt fühlt, wird versuchen, durch Lästigfallen und Überschreiten von Verboten Aufmerksamkeit zu erregen, wie oben schon beschrieben. Das führt zu weiterem Stress und zu weiterer Unzufriedenheit bei der Mutter, wodurch ein Teufelskreis in Gang gesetzt wird.

Wenn es Ihnen also „nicht gut" geht, und dies schon über einen längeren Zeitraum, rate ich Ihnen, Hilfe in Anspruch zu nehmen. Sprechen Sie mit einem Seelsorger, Psychotherapeuten oder einem Menschen, dem Sie vertrauen. Es ist keine Schande, um Rat zu fragen; es ist viel schlimmer für Sie und Ihre Familie, wenn es Ihnen schlecht geht und kein Ende abzusehen ist.

Vielleicht ist dies für einige Leserinnen und Leser

der wichtigste Punkt in diesem Büchlein. Wenn mein eigener „emotionaler Tank“ nicht voll ist, kann ich den meines Kindes nicht füllen und ihm auch kein Vorbild sein, wie ich es im nächsten Punkt ansprechen will. Also: nur Mut zu Standortbestimmung und eventueller Veränderung!

4. Grenzen und Disziplin

Grenze:
Definition Brockhaus:

1. Trennungslinie zwischen verschiedenen Gebieten.
2. Schranke, Beschränkung: er bleibt in seinen oder innerhalb seiner Grenzen; er erkennt seine Beschränkung an; die Fröhlichkeit überschritt die Grenzen.

Disziplin:
Definition Brockhaus:

1. (Unter-, Ein-) Ordnung: du musst Disziplin halten, wahren.
2. Fach, Wissenschaftszweig

Die Definition von Ross Campbell für „Disziplin" lautet: *„Auf dem Gebiet der Kindererziehung bedeutet Disziplin das geistige und charakterliche Training eines Kindes, um es zu befähigen, Selbstbeherrschung zu lernen und ein wertvolles Glied der Gesellschaft zu werden. Disziplin umfasst das Training sämtlicher Kommunikationsmöglichkeiten, z. B. Führung durch Vorbild und Nachahmung, mündliche und schriftliche Weisungen, das Lehren, die Schaffung von Lern- und Spielerfahrung."*

Grenzen ordnen den Lebensraum

Bei dem Thema Grenzen und Disziplin geht es darum, dass der Lebensraum in der Familie, der jedem einzelnen Mitglied zur Verfügung stehen darf, definiert werden muss.

Diese Räume sehen in jeder Familie anders aus. Man könnte es sich bildlich so vorstellen, dass jede Familie ihr eigenes Lebenshaus und jeder Mitbewohner darin sein Zimmer hat. Wie groß dieses ist und wie farbig es eingerichtet ist, hängt von dem Alter des Bewohners und seinen Veranlagungen ab.

Alle, die in diesem Haus zusammenleben, halten sich also in bestimmten Grenzen auf. Diese liegen nie ganz fest, sondern werden laufend miteinander ausgehandelt. Mal wird hier eine Schiebetür geöffnet, mal dort eine Wand verschoben. Mancher ist vielleicht mit seinem schönen Raum sehr zufrieden, einem anderen ist es vielleicht viel zu eng, nur weiß er nicht, wie er daran etwas ändern könnte.

Jede Lebensgemeinschaft hat andere Bedürfnisse, und jeder hat eigene Wünsche und Toleranzgrenzen: zum Beispiel der Anteil an Hausarbeit, der dem Einzelnen zumutbar vorkommt, die Lautstärke der Musik, der Fernsehkonsum oder der Umgangston ...

Darum ist es wichtig, sich gegenseitig wahrzunehmen, auf Wünsche und Bedürfnisse einzugehen, miteinander zu reden (sobald dies möglich ist) und die Dinge zu besprechen.

Stressmindernde Hilfen für das alltägliche Zusammenleben / Strukturelle Grenzen

Einige Grundregeln helfen, dass es nicht unnötig chaotisch und krisenträchtig in unserem alltäglichen Miteinander zugeht.

Absprache mit dem Partner

Wer kennt das nicht aus den eigenen Kindertagen: Zuerst fragt man die Mutter, und wenn die gewünschte Antwort nicht kommt, geht man zum Vater.

Viele Kinder wissen schon von vornherein, zu welchem Elternteil sie mit welcher Frage besser nicht gehen. Will das Kind fernsehen, marschiert es zum Beispiel gleich zum Vater. Der ist nicht oft da, aber wenn doch, dann sagt er sowieso nicht nein. Anschließend gibt es zwar oft Stress zwischen den Eltern, aber das Kind sitzt derweil schon vor der Glotze.

Nicht in allen Situationen können sich Eltern vorher absprechen, wenn auch in vielen. Gegeneinander ausgespielt zu werden, lässt sich aber oft trotzdem durch die Frage verhindern: „Was meint Papa/Mama denn dazu? Hast du da schon gefragt?“

Für Kinder ist es letztlich viel leichter und auch schöner, wenn sie die Bezugspersonen nicht spalten können, da sie nur dann ein wirkliches Gefühl von Geborgenheit entwickeln. Aber sie werden es immer mal wieder versuchen, um einen momentanen Vorteil herauszuschlagen. Auf das Beispiel von oben bezogen: Für den Augenblick ist es für das Kind prima, den Papa auf seiner Seite zu haben und den Film zu sehen. Doch auch diese Zeit geht zu Ende, und dann muss das Kind möglicherweise die dicke Luft in der Familie mit aushalten. Denn die Mutter ist immer noch beleidigt, weil sie ausgetrickst wurde.

Es muss nun nicht durch jede unabgesprochene Kleinigkeit gleich der ganze Haussegen schief liegen, doch leider ist es die Summe der Kleinigkeiten, die die Spannung verursacht, weil sich die Partner gegenseitig missachtet fühlen. Darum Absprache! Vieles kann man auch gemeinsam als Regeln festlegen, dann braucht es nicht immer wieder zum Thema zu werden.

Bei uns ist zum Beispiel klar, dass nur in der Wohnküche gegessen wird, mit Keksen oder Pfirsichen möchte ich keinen im Haus herumlaufen sehen. Da ich bei uns die Putzarbeit mache, muss ich in diesem Bereich die Regeln auch vorgeben und möchte dabei von meinem Mann unterstützt werden. Es ist vielleicht nur ein kleiner Punkt, aber ich finde es wirklich unnötig, einen in den Teppichboden eingetretenen Schokoladenkeks zu beseitigen! Es hätte etwas Entwürdigendes an sich, wenn ich zulassen würde, dass mit meiner Arbeit so umgegangen wird.

Damit die Kinder nicht unnötig Partei für ein Elternteil ergreifen oder uns spalten, ist es sinnvoll, nicht im Beisein der Kinder über diese zu sprechen und Erziehungsfragen auszudiskutieren. Es wird sich nicht immer vermeiden lassen, doch sollten wir es anstreben. Wenn wir uns dann auf eine Richtung oder Regel geeinigt haben, bekommen dies die Kinder mitgeteilt.

Je größer Kinder sind, umso wichtiger ist es oft, auch gemeinsam Dinge zu besprechen und Fragen zu lösen, so zum Beispiel den Taschengeldbedarf bei

Teens. Wird man sich einig, ist es prima, dann kann der Euro rollen. Liegen die Vorstellungen jedoch sehr weit auseinander, ist es sinnvoll, dass die Eltern sich noch mal alleine zusammensetzen und versuchen, den anderen zu verstehen. Vielleicht möchte die Mutter, dass das Kind einen höheren Betrag bekommt und davon die Schulsachen oder Kleidung kauft, wahrscheinlich, weil sie das so aus ihrer Kindheit kennt und außerdem die Aufgabe loswerden möchte, jede Kleinigkeit für das Kind einzukaufen. Der Vater kennt es anders, ist damit auch ganz gut groß geworden und meint, dass es noch viel zu früh ist, dem Kind die Verantwortung für eine größere Geldsumme zu übertragen. Hier ist es gut, sich auf einen Kompromiss zu einigen und das Resultat dann auch gemeinsam mit dem Teenie zu besprechen – und zwar ohne die Anmerkung des einen Partners, dass ja nur der andere unbedingt diese Lösung wollte.

Vorbild sein

„Man kann den Kindern erzählen, was man will, sie machen ja doch alles nach!" An diesem frustrierten Ausspruch eines Erziehers ist sehr viel dran. Unsere Kinder bekommen nicht immer alles mit, was sie sollen, aber einen einzigen verbalen Ausrutscher von mir hören sie bestimmt.

Es gibt manche Worte, die die Kinder aus dem Kindergarten, aus Filmen oder von anderen Gelegenheiten mitbringen, von denen ich nicht möchte, dass sie sich die angewöhnen. Meist geht es dabei um vulgäre und entwertende auf Sexualität bezogene Begriffe, deren Bedeutung den Kleinen überhaupt nicht klar ist. Da ist es wichtig, wenn auch nicht immer ganz einfach, ihnen die Bedeutung zu erklären, damit sie verstehen, warum wir nicht möchten, dass sie sie verwenden.

Es kann durchaus auch vorkommen, dass wir selbst eine Angewohnheit ändern müssen, wenn wir glaubwürdig bleiben wollen. Als unsere erste Tochter größer wurde und mitbekam, dass sie keine Cola trinken sollte, weil die ja ungesund ist, wir Eltern aber immer Cola im Haus hatten und tranken, fand sie das gar nicht witzig. Es schmeckte ihr selbst zwar nicht sonderlich gut, aber die Tatsache, dass etwas Ungesundes mit Absicht getrunken wurde, verstand sie nicht – zu Recht. Wir besprachen dies, und nun ist Cola nur bei besonderen Feiern im Haus. Vorbild sein heißt auch, sich hinterfragen zu lassen, Dinge zu klären und gegebenenfalls zu ändern.

Einen Rhythmus finden

Die größte Veränderung in meinem Alltag mit unserem ersten Kind betraf den völlig neuen Rhythmus. Alle vier Stunden stillen, wickeln, schlafen legen, das prägte jetzt den Tagesablauf. Und doch hatte ich es, verglichen mit vielen anderen jungen Müttern, recht leicht. Denn unsere „Große“ schlief gut und viel, und solange das noch im Kinderwagen ging, war ich auch beweglich. Doch mit einem halben Jahr hörte das auf. Wenn sie dann nicht um zwölf Uhr mittags ins Bett kam oder nicht mehr einschlafen konnte, weil sie vielleicht vorher im Auto ein kurzes Nickerchen gemacht hatte, war sie den ganzen Nachmittag über quengelig und ihre Stimmung schlecht. Also war es in unser beider Interesse, bestimmte Zeiten einzuhalten und dies bei Verabredungen oder sonstigen Terminen zu berücksichtigen. Unser Tagesrhythmus hat sich in der folgenden Zeit öfter mal verändert, aber wir haben immer einen gehabt.

Zurzeit, zwei unserer Kinder fahren mit dem Bus zur Schule und kommen deshalb spät nach Hause, gibt es mittags um 13.30 Uhr Essen. Kinder, die schon vorher aus der Schule gekommen sind, machen bis dahin Hausaufgaben. Wenn der Hunger zu groß ist, wird vorher noch eine Kleinigkeit gegessen. Wissenschaftliche Untersuchungen zeigen zwar, dass die Leistungskurve erst nachmittags um 15.30 Uhr wieder ansteigt, so dass es von daher also sinnvoller wäre, erst dann mit den Hausaufgaben anzufangen. Doch der psychische Aspekt würde dann bei unseren Kindern das Gegenteil bewirken. Am Nachmittag wollen sie spielen, Sport oder Musik machen, da sind Pflichten nur lästig, „dann wäre ja der ganze Tag versaut". So ist es nach unserer Erfahrung immer noch am besten, wenn die Hausaufgaben so bald wie möglich erledigt werden.

Auch beim Thema Tagesrhythmus ist es sinnvoll, mit dem Kind zu besprechen, wie der Tag am besten eingeteilt wird. Dann braucht man nicht jedes Mal wieder neu über den Ablauf zu diskutieren.

Es gibt allerdings auch Themen, wo ein Gespräch, das auf Einsicht baut, doch schnell an Grenzen stößt. Zum Beispiel die Frage, wann es sinnvoll ist, ins Bett zu gehen. Wir haben die Zeit so gewählt, dass die Kinder morgens einigermaßen ausgeschlafen sind, so dass ich mit einmaligem Aufwecken auskomme. Ab und zu werden diese Zeiten, die für alle Kinder verschieden sind, neu diskutiert und festgelegt. Eines unserer Mädchen darf auf Grund ihres Alters eigentlich länger aufbleiben, doch da sie meistens so müde ist, fällt es ihr gar nicht auf, dass sie dann doch früher ins Bett geht.

Noch ein anderes Beispiel zu kleineren Kindern: Unsere Kinder haben alle lange einen Mittagsschlaf gemacht, etwa bis sie fünf waren. Das hätte sich auch noch problemlos fortsetzen lassen, doch abends waren die Kinder zunehmend lange wach bzw. konnten nicht einschlafen. Deshalb haben wir den Mittagsschlaf dann abgeschafft, um sie in einen günstigeren Rhythmus zu bringen. Die müde Mittagsphase wurde dann auch wach (wenn auch manchmal ein bisschen quengelig) überstanden. In der Übergangszeit habe ich sie nach einer Stunde geweckt, damit sie abends um acht Uhr dann wieder zur Ruhe kommen konnten.

Sicher gibt es Ausnahmen, im Urlaub oder am Wochenende läuft es manchmal anders ab.

Doch unser Alltag hat eine Struktur. Das betrifft auch viele andere Bereiche wie Hausaufgaben machen, Schultasche packen, mit zunehmendem Alter kleine Hilfen im Haushalt usw. Ich empfinde es als sehr hilfreich, weil wir dadurch mehr Zeit miteinander für schöne Dinge haben, die wir uns aussuchen, auch unsere Gespräche mit angenehmeren Themen verbringen können, anstatt immer neu über Strukturen zu diskutieren. Solche Unklarheit läuft meistens darauf hinaus, dass Eltern zum Schaden der Kinder die Grenzen irgendwann ganz fallen lassen, weil sie die ewigen Diskussionen satt haben.

Welche Struktur unser Tag haben soll, müssen wir uns überlegen und darauf hinarbeiten. Die Kinder werden sich schnell daran gewöhnen, doch von selbst geht es nicht. Ich muss sie zuerst erinnern, bis sie es alleine machen, oder ich muss mir dann auch die Zeit nehmen, um ihre Hausaufgaben (in den ersten Schuljahren) zu kontrollieren. Dann können sie alles in ihren Ranzen packen und sind wirklich fertig.

Und es wird auch Sachen geben, die eigentlich ganz klar sind, an die ich aber immer wieder erinnern muss, jedenfalls bei manchem Kind: um ca. 18 Uhr Instrumente üben, die Kaninchen füttern usw. Wenn einmaliges Erinnern reicht und die Sache dann gemacht wird, bin ich zufrieden, wenn nicht, wird nach etlichen Wiederholungen über eine Konsequenz geredet, damit sich nicht ein Dauerstresspunkt entwickelt.

Ein Rhythmus wird oft auch zu einer schönen Gewohnheit. Als meine Kinder noch nicht im Kindergarten waren, gab es ein regelmäßiges Vorlesen, und als sie noch kleiner waren, schauten wir uns regelmäßig Bilderbücher an. Manches Mal hätte ich diesen Termin fast vergessen, doch meine Kinder nicht. Irgendwann fragten sie „Buch?“ oder standen mit einem ausgesuchten Exemplar vor mir. Ich erinnere mich sehr gerne an die vielen Stunden, wo wir irgendwo gemütlich aneinander gekuschelt saßen und zum fünfzigsten Mal „Mein Esel Benjamin“ lasen.

Riten bringen Selbstverständlichkeit und Sicherheit

Wie schon eben unter „Rhythmus“ beschrieben, ist es gut, bestimmte Zeiten zum Essen, Spielen, Arbeiten, Schlafen usw. einzuteilen. Diese einzelnen Punkte können noch einen festgelegten Ablauf bekommen. Vielleicht hört es sich auf den ersten Blick etwas übertrieben an, alles mit Regeln und Unterregeln zu versehen. Es soll aber auch hier wieder darum gehen, dass der Alltag einfacher funktioniert und wir nicht immerzu wegen derselben Sache Erklärungen, Diskussionen oder Streit haben.

Wir wohnten fünf Jahre mit sechs Personen in einem kleinen Häuschen mit einer Größe von dreiundachtzig Quadratmetern. Es war eine schöne Zeit, und dass wir nicht viel Platz hatten (Deckenhöhe zwei Meter), störte eigentlich mehr einige unserer Gäste als uns selbst. Es gab fünf Räume, die Küche mitgezählt. In diesem Haus gab es aber auch noch etwas, und das war Ordnung. Es gab einfach keine andere Möglichkeit, als nach dem Spielen aufzuräumen oder sofort nach dem Essen den Tisch abzuwischen, denn er wurde gleich wieder zum Malen, Basteln oder für Hausaufgaben gebraucht. Hätten die Kinder ihr Spielzeug, eine mit Tüchern gestaltete Theaterkulisse oder einen aufgebauten „Kaufmannsladen" stehen gelassen, wäre man ständig darüber gestolpert und hätte den engen Flur kaum noch benutzen können. Beim Aufräumen habe ich oft mitgeholfen, doch es war klar: Es wird nach dem Theaterstück, nach dem Spiel alles wieder weggeräumt. Heute wohnen wir in einem großen Haus, und es muss eigentlich nicht immer alles aufgeräumt sein. Doch die Kinder machen es oft von selbst (auch mit ihren Freunden, denn sonst müssten sie es ja alleine machen). Das Aufräumen gehört zum Spielen dazu.

Noch ein anderes Beispiel: Bis vor drei Jahren habe ich immer den Tisch nach dem Essen abgeräumt, wenn mein Mann da war, taten wir es gemeinsam. Aber wir stellten fest, dass die festgelegten Rollen, wie sie früher mal gut gewesen waren, nicht mehr passten. Auf Seiten unserer Kinder machte sich eine richtige Generalversorgungshaltung breit. So klein waren sie nämlich schon lange nicht mehr. Es wurde die Regel eingeführt, dass nach dem Essen alle gemeinsam den Tisch abräumen, um dann als Nächstes die Zähne zu putzen. Natürlich klappt das durchaus nicht immer. Aber die Kinder wissen, was eigentlich angesagt ist. Wenn jemand dann aus Faulheit die Butter auf die Spülmaschine knallt, anstatt sie in den richtigen Schrank zu stellen, darf er das gleich nachholen und den Tisch noch dazu abwischen. Das Zähneputzen kontrolliere ich nur ab und zu bei unserem jüngsten Familienmitglied, wenn er zum Beispiel auffällig schnell die Treppe vom Bad wieder herunterkommt. Dann muss er gleich noch mal hoch und ich sehe mir danach die Zähne an.

Die Kinder haben somit einen starken Einfluss auf das Klima, das in der Familie herrscht. Die regelmäßig anfallenden Aufgaben sind verteilt, und so kann sie jeder schnell erledigen und sich dann Erfreulicherem widmen. Wer das nicht tut, verbraucht nur mehr Zeit, denn machen muss er es sowieso.

Ein wichtiges Ritual ist auch das Ins-Bett-Gehen, das ich weiter unten noch ausführlich beschreibe. Vor dem Schlafengehen ist es meiner Erfahrung nach besonders wichtig, dass die Kinder vertraute Abläufe erleben, die sie zur Ruhe bringen und Geborgenheit vermitteln.

5. Wie erreiche ich ein erwünschtes Verhalten?

Im Folgenden setze ich voraus, dass mein Kind einen „vollen emotionalen Tank“ hat. Ist es krank, ist in unserer Familie viel Stress durch Handwerker oder durch andere ungewöhnliche Ereignisse, muss ich einen viel sanfteren Maßstab an mein Kind anlegen. Wenn der Tank voll ist, habe ich eine gute und enge Verbindung zu meinem Kind und kann die Anforderungen auch auf dieses spezielle Kind abstimmen.

Ich möchte noch einmal betonen, dass dieses Kapitel nur im Zusammenhang mit den vorigen einen Sinn macht. Erziehung, die nicht auf Liebe beruht, bei der nicht immer wieder der emotionale Tank des Kindes gefüllt wird und keine gefühlsmäßige Verbindung besteht, wird zur Dressur. Und trotz möglicherweise anfänglicher „Erfolge“ kann das auf Dauer nur schief gehen! Grenzen und Disziplin sind dann segensreich, wenn sie *für* das Kind aufgerichtet werden, nicht gegen es.

Ich zeige Ihnen zunächst ein Ablaufschema im Überblick, mit Hilfe dessen ein erwünschtes Verhalten erreicht werden kann, das ich dann im Folgenden erkläre.

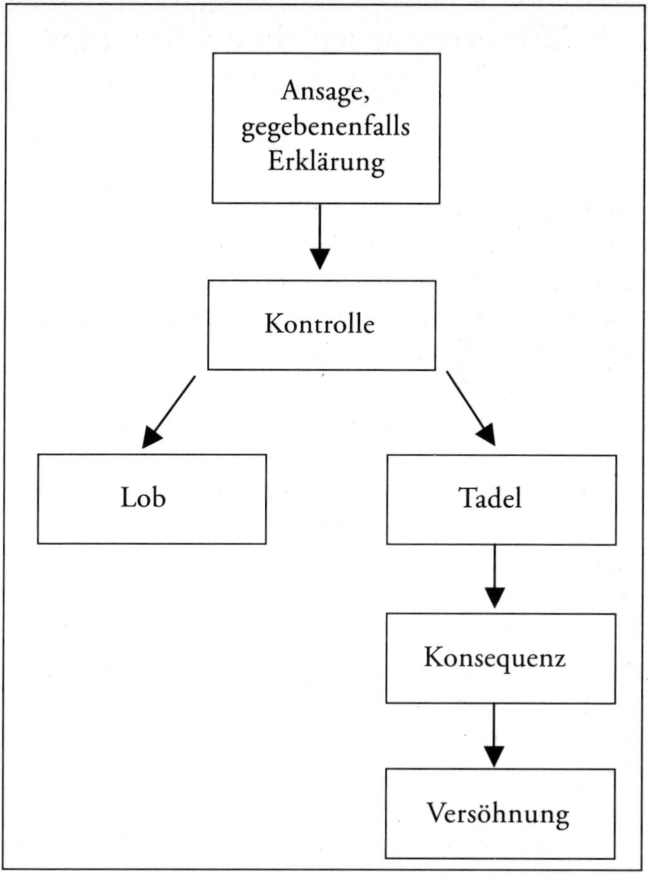

Wie erreiche ich, dass mein Kind tut, was es soll?

Ansage

Wenn ich meinem Kind eine Aufgabe gebe, sehe ich es an und bitte es darum, sie auszuführen. Dabei merke ich, ob die Ansage ankommt oder nicht.

Gegebenenfalls muss ich sie noch einmal wiederholen. Es ist gut, möglichst nur eine Aufgabe auf einmal zu verteilen. Wenn ich zu unserem Jüngsten (8 Jahre) sage: „Pack dein Frühstück in den Schulranzen, putz dir die Zähne und wasch dir den Mund!“, kann ich ziemlich sicher sein, dass er mir in ein paar Minuten mit einem Schokoladenmund über den Weg läuft, weil er die Hälfte meiner Ansage schon wieder vergessen hat. Manchmal hilft es auch, wenn ich ihn die Aufgabe(n) wiederholen lasse.

Ich muss sicher sein, dass mein Kind die Aufgabe verstanden hat. Wenn das nicht geklappt hat, sind Erklärungen nötig und eventuell auch, dass ich vormache, was gemeint ist. Bis wir das Stadium des selbstständigen Zähneputzens erreicht hatten, gab es verschiedene Anleitungen. Nicht nur von meiner Seite, auch der Schulzahnarzt (besucht die ersten Klassen) hat seinen Teil beigetragen. Wiederholung ist nötig, um Dinge zu vertiefen und langsam eine Selbstständigkeit erwarten zu können.

Wichtig ist auch, in welchem Ton ich eine Aufforderung an mein Kind herantrage.

Ross Campbell schreibt: *„Gutes Benehmen können wir erst durch Bitten erreichen, das ist jedenfalls der positive Weg. Was noch wichtiger ist: Bitten wecken in einem Kind das Gefühl der Eigenverantwortlichkeit. Ein Kind spürt, gutes Benehmen hängt ebenso von ihm selbst wie von seinen Eltern ab, die ja die Verantwortung für seine Erziehung tragen. Ein Kind weiß instinktiv, dass es mehrere Möglichkeiten hat. Wenn die Eltern um Wohlverhalten bitten, fühlt sich das Kind in seiner Fähigkeit, selbst* *zu denken und Entscheidungen zu treffen, bestätigt und lernt, selbst die Verantwortung dafür zu übernehmen."*

Kontrolle

Eine kurze Nachfrage, ob die Aufgabe erledigt ist, ist nach einer angemessenen Zeit meist sinnvoll. Natürlich hängt es vom Kind und der Aufgabe ab. Wenn es in der Regel klappt, braucht man nicht mehr nachzufragen. Bei unseren Kindern stelle ich fest, dass bei allen solche Nachfragen noch notwendig sind. Hatte da doch vielleicht ein Ball im Weg gelegen, der noch schnell etwas Bewegung brauchte, oder ein Buch, das zum Lesen einlud! Ablenkung gibt es in Hülle und Fülle. Vielleicht rufe ich auch schon wieder wegen einer anderen Sache, die noch zu erledigen ist, und darüber wird der erste Auftrag dann vollständig vergessen.

Oft genügt auch ein kurzer Blick: Ist der Teller leer, also das Schulfrühstück gegessen? Ist der Mund sauber? Ist das Geschirr weggeräumt?

Lob und Tadel

Sind die Zähne geputzt, reicht ein kurzes „Prima" von mir. Sind es schwierige Dinge, die mein Kind schafft, werde ich es viel deutlicher loben. Als unsere Tochter, die mit achtzehn Monaten zu laufen begann, auf den Ruf „Komm!" angewackelt kam, wurde natürlich ganz anders gelobt: „Toll gemacht, super, du kannst ja richtig laufen!!"

Bei größeren Kindern ist es ebenfalls ausgesprochen wichtig, zu loben, natürlich in angemessener Weise. Ich werde auch selbst gerne gelobt, auch wenn ich vielleicht gar nicht so herausragende Leistungen vollbracht habe. Kleine Kinder tun viele Dinge zum ersten Mal, und das fällt uns dann auf. Bei den Großen ist es selbstverständlich, dass sie in den Kindergarten laufen, balancieren, ihre Milch eingießen und vieles mehr. Es wäre auch unsinnig, sie wegen Dingen zu loben, die ihnen selbst leicht und selbstverständlich vorkommen. Ich sollte ein Gespür dafür entwickeln, wenn sie etwas besonders gut gemacht haben, oder auch zwischendurch mal zeigen, dass ich es prima finde, wie sie sich entwickeln. Zum Beispiel kann ich meinem Kind sagen, wie toll es ist, dass es schon so sicher läuft, während das Brüderchen noch im Kinderwagen liegt. Wir können lernen, das Positive zu sehen und es immer wieder dem Kind als solches bestätigen. Wir füllen damit seinen „Tank".

Wenn eine Aufgabe nicht erfüllt wird, hier das Zähneputzen, so muss dies sofort nachgeholt werden und wahrscheinlich auch von mir kontrolliert werden. Es reicht, kurz zu sagen: „Jetzt aber schnell Zähne putzen" oder Ähnliches. Auf lange Schimpfaktionen sollten wir verzichten. Sie sorgen nur für schlechte Stimmung, und ich kann fast immer davon ausgehen, dass mein Kind es nicht deshalb unterlässt, meiner Aufforderung nachzukommen, um mich zu ärgern, sondern weil es ein Kind ist, das sich noch schnell ablenken lässt.

Sätze wie: „Du hörst ja nie zu" oder „Du trödelst ja immer" sind unnötig. Sie verderben auf Dauer unsere Beziehung, weil das Kind zu Recht empfindet, dass hier etwas Unwahres gesagt wird. Vielleicht trödelt es oft, aber sicher nicht immer. „Nie“ und „immer“ sind Worte, die alles über einen Kamm scheren und keine Steigerung mehr zulassen. Möglicherweise richten wir auch dadurch Schaden an, dass wir unser Kind auf eine Rolle festlegen, die es irgendwann tatsächlich übernimmt. Besonders verhängnisvoll ist es, wenn wir dabei Urteile über Fähigkeiten abgeben („Du kannst ja sowieso nicht gut lesen, malen ...“).

Konsequenzen

Dies ist wahrscheinlich der schwierigste Punkt in der Kindererziehung. Konsequent sein ist anstrengend. Ich muss bereit sein, Energie einzusetzen – nicht dann, wenn es mir passt, sondern dann, wenn es mein Kind fordert. Manchmal ist das eine ganze Menge! „Nett“ sein ist manchmal so viel einfacher! Für den Moment ist es viel harmonischer, wenn ich darüber hinwegsehe, dass mein Kind nach der Schule Jacke, Schuhe und Ranzen in den Flur schmeißt, um diese dort so lange liegen zu lassen, bis es wieder etwas davon braucht. Doch wenn alle Kinder das so machen würden, würde man bald nicht mehr zur Tür hereinkommen. Außerdem sähe die Jacke bald wie ein Putzlappen aus.

Trotzdem ist es zuerst für mein Kind und mich einfacher, wenn ich es nicht beachte. Vielleicht kommt es gerade gut gelaunt nach Hause und möchte mir etwas über die Schule erzählen. Da ist die Versuchung groß, jetzt doch nicht die Stimmung verderben und „mal schnell" die Jacke selber aufzuhängen und die Schuhe wegzuräumen. Doch ich weiß ganz genau: Auf Dauer habe ich dazu keine Lust, und es wird sowieso nicht lange dauern, bis diese Sache zur Sprache kommen muss. Je länger ich damit warte, desto vorwurfsvoller wird der Ton von meiner Seite aus dann sein. Gut ist das nicht, und ein übertriebenes Donnerwetter hat leider nicht zur Folge, dass es anschließend besonders gut klappt – insbesondere, wenn ich danach wieder inkonsequent bin. Verhalten muss eingeübt werden, und ich muss meinem Kind dabei helfen.

In diesem Beispiel würde das bedeuten, dass ich mein Kind jedes Mal gleich daran erinnere, dass es seine Sachen im Flur aufzuräumen hat. Dies tue ich eine angemessene Zeit lang; wenn es dann immer noch nicht von selber geht, muss eine Konsequenz her. Diese sollte ich aber immer vorher ankündigen, damit mein Kind die Kosten überschlagen kann. Diese Konsequenz darf ganz minimal sein, aber wir dürfen sie nicht vergessen.

Bei der Auswahl eines Denkzettels sollten wir unten anfangen. Zum einen, um das Kind nicht unnötig schwer zu bestrafen, denn dies tut niemandem gut, und zum anderen, damit wir noch Steigerungsmöglichkeiten haben. Es geht darum, dass mein Kind merkt: „Wenn ich es gleich so mache, wie ich es soll, geht es mir am besten. Es hat niemand Freude daran, mich zu bestrafen!"

Oft beobachte ich bei Eltern, dass sie schnell damit bei der Hand sind, Drohungen auszusprechen: „Wenn du nicht (das und das machst), dann darfst du (das und das) nicht!“ Das große Problem ist allerdings häufig, dass diese angedrohten Konsequenzen einerseits oft viel zu heftig ausfallen (es wäre wirklich ziemlich grausam, sie wahr zu machen) und andererseits nicht eingelöst werden. Mit einem solchen Verhalten machen wir uns schnell unglaubwürdig unseren Kindern gegenüber. Sie empfinden zum einen, dass ihre Eltern, die ihnen eine unangemessen harte Konsequenz androhen, es nicht gut mit ihnen meinen, merken aber zum anderen, dass diese viel zu schwach oder unsicher sind, um überhaupt etwas zu unternehmen. Also machen sie genau so weiter wie zuvor. Es ist wichtig, dass Kinder das Empfinden haben, sich auf ihre Eltern verlassen zu können, sowohl bei positiven als auch bei negativen Ankündigungen. Und es ist wichtig, dass Eltern nachdenken und die Kosten überschlagen, bevor sie ihrem Kind eine Konsequenz ankündigen. Die Frage muss lauten: „Wäre diese Konsequenz wirklich angemessen, und wäre ich tatsächlich bereit, sie gegebenenfalls sofort und vollständig umzusetzen?“ (Wenn nicht: nichts sagen, erst einmal eine angemessene und ausführbare Konsequenz überlegen!)

Das Sprichwort: „Der Ton macht die Musik“ gilt auch sicher bei der Disziplinfrage. Je häufiger ich autoritär über Befehle, Schelte, Nörgeln oder Anschreien agiere, desto unwirksamer wird dies. Wenn ich normalerweise freundlich ermahne oder auf etwas aufmerksam mache, wird ein gelegentlicher direkter Befehl viel wirksamer sein, und die „Grundmelodie“ unseres Zusammenlebens ist freundlich.

Da unsere Kinder im Rahmen ihrer Entwicklung

mit Recht ihren Lebensraum ausweiten möchten, werden sie immer wieder die Grenzen testen. Vieles können wir ihnen erlauben, manches nicht. Grenzen, die weiter wichtig sind, werden ebenso in Abständen getestet wie solche, die überflüssig geworden sind. Es gilt, wach zu sein und zu unterscheiden. Viele Verbote, die für einen Zweijährigen sinnvoll sind, haben bei einem Vierjährigen keinen Sinn mehr und können aufgehoben werden. Manche kommen dafür neu hinzu.

In der Trotzphase geht es oft jeden Tag aufs Neue um das Rütteln an Grenzen, auch wenn diese noch so deutlich gesetzt wurden. Zum Beispiel gibt es die Regel, dass nicht mit Essen geworfen wird. Wenn mein kleiner Trotzkopf das nicht akzeptiert, heißt es: „Wenn du noch mal den Keks über den Tisch schmeißt, ist er weg und dann ist vorerst mal Schluss mit Essen." Wenn dann der Keks wieder fliegt, ist er tatsächlich weg. Nun wird die nächste Stunde vielleicht etwas nervig, denn es gibt wirklich nichts zu essen. Solange mein Kind noch hofft, etwas bewegen zu können, wird es kämpfen – zum Beispiel herumheulen. Dann ist die Frage, wer den Machtkampf durchhält.

Meine Erfahrung ist es, dass diese traurigen „Kämpfchen", die sehr anstrengend sind, viel schneller vorbei sind, wenn ich klar und konsequent bin. Mein Kind kann sich einem fröhlichen Spielen leichter wieder hingeben, wenn klar ist, wo es lang geht und wo Mama ganz sicher konsequent und standhaft bleibt.

Wie Konsequenzen aussehen, ist eine Angelegenheit, bei der durchaus Fantasie zum Einsatz kommen soll. Es sollte sich jedenfalls immer wieder mal ändern. Es kommt auch sehr auf das einzelne Kind an und auf die Lebensgewohnheiten der Familie. Was mag mein Kind, isst es gerne Süßigkeiten oder sieht es gerne einen Film, kann es gut alleine im Zimmer spielen? Nur die Bezugsperson kennt die Eigenarten und kann sich eine passende Konsequenz überlegen, die sich am besten auch tatsächlich logisch aus dem Fehlverhalten ergibt. Im Beispiel oben: Wer mit Keksen nicht ordentlich umgeht, bekommt eben keine. Das Kind braucht keine schlimme Bestrafung, es soll nur aufwachen und sein Verhalten ändern!

Eine Konsequenz durchzuhalten ist oft sehr anstrengend. Der ewige Machtkampf, die ständig genervte Stimmung auf beiden Seiten, die sich durch Inkonsequenz ergibt, ist aber für mein Kind und mich auf die Dauer viel, viel anstrengender und schadet unserer Beziehung.

Versöhnung

Die Frage „Wollen wir uns wieder vertragen, ist jetzt wieder alles o.k.?“ oder „Willst du wieder lieb sein?“ habe ich schon oft gestellt. Manchmal frage ich auch noch einmal nach, ob mein Kind denn überhaupt weiß, warum genau eine Konsequenz erfolgt ist. Wenn Kinder stark trotzen, und das kommt in jedem Alter vor, sind sie manchmal so in ihrem Zorn gefangen, dass sie Erklärungen vorher gar nicht aufgenommen haben. Wenn ich diesen Eindruck habe, kommt noch einmal eine Klärung vor dem Vertragen.

Das Versöhnen ist kurz und ehrlich, danach ist die

Stimmung wieder rein und es wird nichts mehr nachgetragen. War die Auseinandersetzung heftiger oder sind die Kinder noch klein und weinen vielleicht noch ein wenig, wird erst mal lieb gekuschelt und sich Zeit genommen, damit mein Kind sich geliebt und angenommen fühlt.

In Elternhäusern, wo es an klaren und direkten Konsequenzen mangelt, gibt es stattdessen oft quälend lange Phasen, in denen zum Beispiel die Mütter beleidigt sind und den Kindern mit einer frostigen Kälte begegnen. Sie sind aber nicht in der Lage, das Ganze auf eine bewusste Ebene zu heben, um das Verhalten zu besprechen, und die Kinder können das natürlich erst recht nicht. Gefangen einerseits zwischen ihren eigenen Bedürfnissen, ihrer Aggression und andererseits zwischen ihren Erziehungskonzepten und Selbstansprüchen, ist das Beleidigtsein dann der (faule) Kompromiss, der ihnen möglich ist. Kinder leiden sehr unter solchen Umständen, die sie hilflos machen und dafür sorgen, dass sie viel zu lange unnötige Schuldgefühle mit sich herumtragen. Das eigentlich Schlimme an inkonsequenten Eltern ist nämlich nicht, dass sie unbeständig handeln, sondern dass sie immer stärkere unterschwellige Aggressionen gegen ihre eigenen Kinder aufbauen, von denen sie sich gedemütigt fühlen. Es lässt sich nicht vermeiden, dass die Kinder diese dann auch indirekt – ohne dass darüber gesprochen werden kann – zu spüren bekommen.

Es ist ganz wichtig, dass wir in unseren Beziehungen konsequent und nachvollziehbar handeln und darüber reden, jedenfalls in der eigenen Familie. Und da darf die Versöhnung nicht fehlen. Ich bin manchmal selber erstaunt, wie gut dieses Modell funktioniert. Nach einer heftigen Auseinandersetzung, auch mit Kindern im Teeniealter, geht es nach dem Vertragen erstaunlich schnell wieder nett oder auch lustig weiter, wir mögen uns!

Beispiele für Konsequenzen

Die Auszeit auf der Treppe
Als unsere Kinder noch sehr klein waren und gerade krabbeln konnten, wollten sie gerne alle Schränke und Schubladen in meiner Küche erforschen und ausräumen. Damit war ich nicht ganz einverstanden, und so richtete ich eine große Schublade mit allen Plastikschüsseln und -teilen ein. Das war jetzt die Schublade, die zum Erforschen und Ausräumen freigegeben war, weil da nichts kaputtgehen konnte. Meine Tochter interessierte sich aber nur für kurze Zeit dafür. Das noch Unbekannte hat eben doch einen größeren Reiz. Es hatte auch bald keinen Erfolg mehr, wenn ich meine kleine Tochter freundlich ansah und mit einem klaren „Nein!“ wieder vor die Plastikschublade setzte. Es begann das berühmte Machtspielchen, das wohl jeder kennt.

Da ich nicht die geduldigste Mutter bin und dieses Spiel nicht zwanzigmal spielen wollte, ich aber auch nicht laut werden wollte, sagte ich zu meinem kleinen Schatz: „Wenn du noch einmal an meine Schränke gehst, setze ich dich auf die Treppe.“ Vor der Küchentür hatten wir das Treppenhaus. Natürlich kam es dann auch zu diesem Gang vor die Tür, schon beim Raustragen fing die Schreierei an. Ich setzte mein wütendes Bündel auf die unterste Stufe und sagte zu ihr: „Wenn du wieder lieb sein willst, darfst du wieder zu mir in die Küche."

Nach einer kurzen Weile, vielleicht einer Minute, ging ich dann zu ihr und fragte, ob sie wieder „lieb sein" wolle. Sie streckte nur ihre Ärmchen aus und das Weinen hörte auf, als ich sie auf den Arm nahm. Es gab ein Küsschen, und alles zwischen uns stimmte wieder. Dann ging es auf meinem Arm zurück zur erlaubten Schublade und sie konnte wieder fröhlich spielen.

Von mir getrennt zu sein, war eine Situation, die sie freiwillig erst viel später aufsuchte. Es konnte lange Zeit als Konsequenz dienen, die unsere Kinder alle nicht mochten. Und so entwickelte die Frage „Willst du auf die Treppe?" einen Zauber, der die Ausführung meist überflüssig machte. Es dauerte auch gar nicht lange, bis die Kleinen merkten: Wenn sie schnell zu mir zurückkrabbeln, ist es wieder o.k., und sie brauchten erst gar nicht lange auf dem harten Holz zu sitzen.

Nun werden Kinder ja schnell größer, und da kam es dann auch vor, dass sie, nachdem ich sie rausgeschickt hatte, wiederkamen und in mauligem Ton knurrten: „Bin wieder lieb." So war es natürlich nicht gemeint. Die nächste Steigerung der Konsequenz musste her. Ich setzte dann die Zeit fest, wie lange die Treppenauszeit dauern sollte. Das funktionierte lange Zeit und führte zum gewünschten Erfolg, doch dann gab es eine Zwischenphase, die ich nicht richtig bedacht hatte. Unsere Kinder waren schon längst in der Schule, und in diesem Alter kam es ihnen gar nicht als Strafe vor, auf der Treppe zu sitzen, wenn es Stress gab. Sie taten sich dabei sehr Leid und ergingen sich in verächtlichen Gedanken über die doofe Mutter, Schwester, Bruder oder mit wem es gerade Ärger gegeben hatte. Irgendwann war man mit der Sitzung fertig, entschuldigte sich mit einem kaum hörbaren „Schulligung“ und hatte dann ein Recht darauf, dass nichts mehr über das Thema gesagt wurde. Eine Einsicht war allerdings nicht dabei herausgekommen, im Gegenteil, das betreffende Kind hatte viel Zeit gehabt, sich in eine arrogante und rechthaberische Haltung hineinzusteigern. Irgendwann merkten wir das und sahen damit die Notwendigkeit, wieder eine neue Lösung zu finden.

Hilfe bei der Hausarbeit

Wir haben ein großes Haus und keine Putzhilfe, deshalb kam mein Mann auf die gute Idee, dass es eine Hausarbeitsaufgabe geben könnte. Irgendeine Schmutzecke gibt es immer, die mal gefegt werden sollte, oder eine lohnende Menge Altglas wartet darauf, zum Container gebracht zu werden ...

Gerade eben, kurz bevor ich an diesem Buch weiterarbeiten wollte, lief wieder eine typische Episode bei uns ab. Weil unsere Kinder alle Klavierunterricht haben, gibt es ständig Konkurrenz um einen Übungsplatz. So haben wir vor einiger Zeit ein E-Piano angeschafft, um paralleles Üben zu ermöglichen. Das funktioniert gut, aber nur, wenn der E-Pianist auch den Kopfhörer aufsetzt und nicht laut übt. Heute war eine unserer Töchter sauer, weil sie keinen Platz am beliebteren „richtigen“ Klavier bekommen hatte und dann auch noch auf eines der Notenhefte warten musste, das ihre Schwester ebenfalls in Benutzung hatte. So ließ sie dann aus Ärger das E-Piano in seiner beachtlichen Lautstärke durchs Haus schallen. Ich erinnerte sie kurz und klar daran, dass bitte der Kopfhörer aufgesetzt wird.

Kurze Zeit später gab es dann Geschrei im Wohnzimmer, weil sie es nicht mehr ertragen hatte, dass ihre Schwester immer noch aus dem Notenheft spielte, und sie versucht hatte, es ihr mit Gewalt zu entführen. Nachdem ich mir von beiden Kindern die Situation hatte schildern lassen, stellte ich die E-Pianistin vor die Auswahl, sich entweder sofort zu entschuldigen oder die Garage zu fegen. Das Klavierüben müsse dann warten. Sie entschied sich für das Erste, das tun die Kinder meistens. Im anderen Fall ist dafür abends die Garage schön sauber!

Wenn es einem Kind gut geht, es nicht sehr unter Schulstress steht und keinen sonstigen Ärger hat, klappt die Grenzsetzung sehr häufig: „Bis hierhin und nicht weiter! Wenn du nicht aufhörst, machst du zuerst eine Hausarbeit.“ Das Kind wird wach, hört mit dem unerwünschten Verhalten auf und es läuft wieder friedlich weiter. Natürlich wird zunächst auf niedrigerem Niveau ermahnt, bevor eine solche Alternative zur Auswahl gestellt wird. Bei dem Klavierbeispiel war die Grenze aber eigentlich schon überschritten, denn jeder bei uns weiß, dass der Kopfhörer Pflicht ist, wenn schon jemand auf dem anderen Instrument spielt.

Es soll durch die zusätzliche Hausarbeitshilfe (jeder hilft entsprechend dem Alter gestaffelt sowieso im bestimmten Umfang mit) dem Kind klar werden, dass es selbst dafür verantwortlich ist, wie sich sein Tag gestaltet. Die Grenzen, die unsere Familie aufgestellt hat, zu ignorieren bedeutet, einen Nachteil zu haben.

Es ist durchaus erlaubt, auch mal schlechte Laune zu haben. Aber es geht nicht, wenn das Kind dann jedem, der ihm über den Weg läuft, eins „überbrät", verbal oder körperlich. Hier ist es wichtig, Grenzen zu setzen, um das Kind für ein angemessenes Sozialverhalten zu sensibilisieren. Das Kind braucht das auch außerhalb der Familie dringend, um dort, zum Beispiel in der Schule, Freundschaften aufbauen und erhalten zu können.

Wiedergutmachen mit Süßigkeiten

Bei uns hat jedes Kind eine Kiste mit seinen Süßigkeiten. Angefangen haben wir damit, als zum zweiten Geburtstag unserer Ältesten über die Geschenke ein so riesiger Vorrat an Bonbons, Riegeln und Knabbersachen zusammenkam, dass dringend eine „Verwaltung" eingeführt werden musste.

Ich versuche, meine Familie gesund zu ernähren, die Babys wurden zum Beispiel lange gestillt, die Kinder bekommen Obst als Zwischenmahlzeit in die Schule mit und am Nachmittag, aber es gibt auch praktisch jeden Tag Kekse und mal etwas Süßes. Alles in Maßen ist unsere Linie. Die vielen Tüten aus dem Paket reichten also sehr lange. Sie wurden sorgfältig in einer leeren Keksdose deponiert.

Nun haben wir also vier von diesen Dosen in unserem Küchenschrank stehen und es gibt immer wieder

Gelegenheiten, bei denen sie aufgefüllt werden: beim eigenen Geburtstag, mit Mitbringseln von Besuchern oder von anderen Kindergeburtstagen. Es ist immer mehr oder weniger drin. Getauscht wird auch gerne untereinander, denn jeder hat so seine Vorlieben.

Die jüngeren Kinder müssen fragen, ob sie etwas Kleines, Mittleres oder Großes aus ihrer Kiste essen dürfen. Die Großen haben Eigenverwaltung.

Aber diese Vorräte haben auch für die Anwendung von Konsequenzen eine Bedeutung bekommen. Mit Süßigkeiten muss nämlich wieder gutgemacht werden, wo ein anderes Familienmitglied mit Absicht verletzt oder geärgert wurde.

Wir haben ein Ehepaar in der Gemeinde, deren inzwischen erwachsene Kinder immer einen besonders guten Eindruck auf uns gemacht haben. Von diesen haben wir uns schon manchen Erziehungstipp geholt. Unter anderem den, dass es auch unter Geschwistern die Möglichkeit geben muss, gegenseitig ein Verhalten zu begrenzen, von dem man sich eingeengt, bedrängt oder genervt fühlt: wenn zum Beispiel eine Hänselei, die im Spaß begonnen hat, zu aggressive Züge bekommt, ein Herumrangeln, das anfangs von beiden nicht ernst gemeint war, dem Schwächeren wehtut, oder lautes Singen auf die Dauer beim Lesen stört. In dieser Familie war es dann das Recht des Gestörten zu sagen: „Bitte hör auf!", und zwar genau diesen Satz, dann musste der Störer mit seinem Verhalten aufhören. Der Sinn dieser Maßnahme ist es, die Kinder dabei zu unterstützen, mit ihren Grenzen klarer umzugehen. Ein Kind darf zugeben, dass es sich in einer bestimmten Situation nicht mehr gegen Grenzverletzungen wehren kann, und es entsteht auf Seiten des Stärkeren eine größere Sensibilität dafür, wo er gerade Grenzen verletzt.

Diese Regel führten wir auch in unserer Familie ein und besprachen es gemeinsam mit den Kindern, die das im Prinzip auch akzeptabel fanden. Bei Nichtbeachtung gibt es eine Konsequenz: Wer nicht auf „Bitte hör auf!" reagiert hat, muss dem anderen etwas aus seiner Süßigkeitenkiste geben. Das suche ich dann aus, damit es im angemessenen Rahmen bleibt, außerdem muss sich der „Täter" bei seinem „Opfer" entschuldigen. Diese süßen Wiedergutmachungen sind für Kinder schon sehr schmerzlich, aber entsprechend gut bleibt die Situation auch im Gedächtnis haften. Beim nächsten Mal passt das Kind dann besser auf, dass es eindeutige Signale nicht überfährt.

Haben die Kinder gerangelt und keiner hat „Bitte hör auf!" gesagt, bevor es schmerzhaft wurde, so wird der Fall ebenfalls zuerst miteinander besprochen. Als Konsequenz könnte sich in diesem Fall anbieten, die Kinder getrennt in verschiedene Zimmer zu schicken, wo sie eine bestimmte Zeit bleiben und für sich spielen müssen. Dasselbe gilt prinzipiell auch zwischen den Kindern und uns Erwachsenen. Wenn mir ein Kind in vernünftigem Ton sagt: „Hör bitte auf!", wenn ich mich zum Beispiel über ein Thema lustig mache, das das Kind betrifft, werde ich das auch beachten und aufhören. Ebenso reagiere ich manchmal mit „Hör bitte auf!", wenn das Kind mit Ausdrücken über jemand anderen schimpft, von denen es genau weiß, dass es die nicht verwenden soll. Macht es dann weiter, ist eine Süßigkeit für mich fällig.

Nebenbei: Natürlich versuchen Kinder auch, jedes Thema auf seine Grenzen zu testen. So hörten mein Mann und ich schon ziemlich bald nach Einführung dieser Regel, dass ein Kind zum anderen sagte: „Bitte hör auf zu atmen!“ oder „Bitte hör auf, so doof auszusehen!“ Wir mussten zuerst lachen über so viel Kreativität, aber konnten dann auch schnell klären, dass das Ganze *so* nicht gemeint war!

Müde Kinder müssen ins Bett

Mit einem „Bettgehritual“, einem gleichförmigen Ablauf vor dem Einschlafen, der das Kind zur Ruhe bringt und Geborgenheit vermittelt, haben wir schon früh begonnen. Als unser erstes Kind ca. zwei Jahre alt war, gehörten schon Elemente wie gemeinsames Singen, Beten und das Vorlesen einer Geschichte dazu. Dies praktizieren wir auch jetzt noch, doch die Inhalte sind natürlich umfassender geworden. Seit einigen Jahren macht auch mein Mann mit, der unser Singen mit der Gitarre begleitet, so dass jetzt die ganze Familie dabei ist. Ich freue mich immer darauf, und auch alle Kinder sind gerne dabei, trotz der großen Altersspanne. Mittlerweile belagern wir das Wohnzimmer, früher saßen wir im Kinderzimmer auf dem Boden, beides war und ist sehr gemütlich.

Damit es zu diesem netten Treffen kommt, müssen aber vorher noch einige Dinge passiert sein. Das sieht heute folgendermaßen aus: Nach dem Abendbrot wird gemeinsam der Tisch abgeräumt, wer vorher aufstehen möchte, nimmt seinen Teller und Becher mit raus.

Der Kaninchendienst versorgt die Tiere. Dann macht sich jeder bettfertig, wozu Waschen, Zähneputzen und Schlafanzuganziehen gehört. Unsere Große kann das auch später machen.

Das sind nun wirklich nicht viele und auch keine besonders anspruchsvollen Tätigkeiten, aber auch nicht die spannendsten. So kommt es schon manchmal vor, dass ein Kind irgendwie nicht fertig wird, weil zum Beispiel irgendein Spiel oben doch interessanter war. Wir warten dann nicht sehr lange und fangen mit unserem ersten Lied an. Kommt das Kind darauf nicht bald, kann es bei dem Rest auch nicht mehr dabei sein, denn es ist ja offensichtlich schon zu müde. Ich bringe es dann schon mal ins Bett, sehr zügig allerdings, denn sonst kann ich ja nicht bei den anderen dabei sein.

Dies kommt selten vor. Allerdings passiert es schon häufiger mal, dass ein Kind nicht mitsingt oder die Füße auf den Tisch legt und stört. Das ist abends fast immer ein Zeichen von Müdigkeit, weniger von echten Spannungen in der Familie. Trotzdem, es ist ein provozierendes und aggressives Verhalten. Das Kind würde damit die Stimmung für alle schnell verderben. Wenn eine kurze, diskrete Aufforderung, sich ordentlich zu betragen, nicht hilft, marschiert das Kind ebenfalls ins Bett. Allerdings ohne große Vorhaltungen, sondern nur unter dem sachlich feststellenden Aspekt, dass es offensichtlich zu müde ist.

Inzwischen gibt es auch kein Geschrei mehr – das war früher anders! Kleine Kinder überschauen die Konsequenz noch nicht so gut, oder sie müssen noch austesten, ob sie auch wirklich eintritt. Früher gingen wir nach dem Abendessen zusammen ins Kinderzimmer, alle Kinder sollten sich ausziehen und das machen, was sie schon können. Die eine oder der andere bekam eine frische Windel, für Selbstständigkeit wurde gelobt oder an weitere Tätigkeiten erinnert. Da es wichtig ist, dass Kinder möglichst immer zufrieden und versöhnt einschlafen, habe ich oft mitgeholfen, wenn ich merkte, dass ein Kind schon sehr müde war. Dann gab es auch eine Erklärung für das größere Geschwisterkind, von dem ich schon mehr erwartete und das sich vernachlässigt fühlte. Natürlich wurde auch ausgetestet, was denn passiert, wenn man sich wie ein Baby benimmt. (Hier ist die Frage nach dem emotionalen Tank wichtig.) Wenn gerade ein neues Baby angekommen war, hatte ich immer gleich mehrere! Doch das dauerte nie lange, weil ich ja an anderer Stelle dafür sorgen konnte, dass das größere Kind konzentrierte Aufmerksamkeit bekam. Größere Kinder verstehen dann oft schnell, dass die Kleinen andersartige Aufmerksamkeit brauchen, aber uns als Eltern nicht lieber sind. Im besten Fall aktivieren sie dann eigene mütterliche Instinkte den Kleineren gegenüber.

Es kam natürlich auch später immer wieder vor, dass beim abendlichen Fertigmachen ein Kind weit unter seinen Möglichkeiten blieb, zum Beispiel lange herumtrödelte oder auch ganz bewusst versuchte, noch weiterzuspielen, wenn ich mit den anderen beschäftigt war. Dann wurde dem kleinen Schatz erklärt, dass er zu lange getrödelt hatte, ich ihm jetzt auch noch helfen musste und wir nun keine Zeit mehr zum Singen und Vorlesen hätten. Das Beten fiel wegen Schreierei dann leider auch aus.

Ein Kind so ins Bett zu stecken ist keine leichte Aufgabe. Doch wer hier nicht konsequent ist, wird immer öfter unerfreuliche Szenen erleben. Kann unser Kind sich darauf verlassen, dass es nun nichts mehr vorgelesen bekommt oder aufbleiben darf, wird es ihm leichter fallen, seine Aufgaben und Grenzen zu akzeptieren. Das hat dann zur Folge, dass unsere Abende in der Regel friedlich genug ablaufen, um für die Kinder einen harmonischen Tagesausklang zu bilden, nach dem sie gut und fest schlafen können.

6. Zusammenfassung

„Es ist eine wichtige Erkenntnis in der Kindererziehung, dass ein Kind alle Formen der liebevollen Zuwendung gleichzeitig erfahren muss. Es braucht Augen- und körperlichen Kontakt, konzentrierte Aufmerksamkeit und Disziplin zur selben Zeit, d. h. ein Kind muss unsere Liebe und Festigkeit zusammen erfahren, sie schließen sich nicht wechselseitig aus. Fest sein bedeutet nicht, dass man nicht auch zärtlich ist, Zärtlichkeit schwächt die Festigkeit nicht ab und begünstigt nicht die Nachgiebigkeit.“ (Ross Campbell)

Brauchen Kinder Grenzen? Und welche Grenzen brauchen sie? Ja, Kinder brauchen Grenzen – genauso wie bedingungslose Liebe. Beides lässt sich gar nicht trennen. Wer sein Kind liebt, wird darauf achten, dass Grenzen nicht unsinnig sind, sondern Freude daran haben, wenn sich der Lebensraum seines Kindes immer mehr weitet. Aber er wird auch bereit sein, Energie einzusetzen und Ärger auszuhalten, wenn Grenzsetzungen notwendig sind. Das ist oft der unbequemere Weg. Wie schnell und wie leicht ist oft ein „ja, ja“ gesagt, wie viel angenehmer ist es für den Augenblick, die nette Mami, der nette Papi zu sein. Das Paradox einer guten Erziehung ist es, manchmal die Dissonanz mit dem Kind um des Kindes willen aushalten zu müssen.

Grenzen setzen bedeutet,

- dem Kind unsere Liebe zu zeigen: Ich sehe dich, du bist mir nicht egal, ich interessiere mich für dich.
- das Kind zu schützen: Wenn die Mauer zu hoch zum Herunterspringen ist, das Messer zu groß und zu scharf für Kinderhände, die Luft im Winter zu kalt, um ohne Mütze herumzulaufen, die Straße zu befahren, um dort spielen zu können, muss ein „Nein, das darfst du jetzt nicht!" konsequent durchgezogen werden.
- die Kreativität zu fördern: Das bedeutet zum Beispiel, den Fernsehkonsum zeitlich zu begrenzen und dem Kind stattdessen beim Basteln zu helfen, an ein Musikinstrument heranzuführen und an das Üben zu erinnern, sich vorlesen zu lassen und selber vorzulesen.
- Halt und Orientierung zu geben: Mein Kind muss nicht jeden Trend mitmachen, es muss nicht jedes schlechte Wort gut finden, es muss sich nicht von den Klassenkameradinnen die Kleidungsmarke verordnen lassen, es sollte lernen, mit Geld umzugehen.
- Werte zu vermitteln: Wir möchten unseren Kindern vorleben, dass es gut ist und auch Freude macht, einem anderen Menschen zu helfen und Dinge zu teilen, auch wenn es nicht der beste Freund ist, dass die Schöpfung zu achten ist und verantwortungsvollen Umgang braucht.
- Frustration zu vermeiden: Das Kind bekommt erst dann Instrumentalunterricht, wenn die Hände groß genug dafür sind, erst dann ein Buch, wenn es die-

ses auch versteht, und ein Werkzeug, wenn es nicht mehr gefährlich ist.
- immer auch bereit zu sein, als Eltern darüber nachzudenken und zu überprüfen, ob eine spezielle Grenze denn eigentlich noch nötig ist. Grenzen sollten immer flexibel sein!

Wenn wir in einem engen, liebevollen Kontakt zu unserem Kind stehen, wird es die sichtbaren und unsichtbaren Grenzen akzeptieren und sie oft überhaupt nicht wahrnehmen, denn sie begrenzen einen wunderbaren, reichen, bunten Lebensraum.

7. Beten hilft!

„Aha, wenn nichts mehr geht, dann hilft beten?" Nein, so ist es nicht gemeint. Aber gläubige Eltern wissen, dass sie ihre Kinder von Gott anvertraut bekommen haben. Khalil Gibran würde sagen: Sie sind uns geliehen. Und wir dürfen sie mit seiner Hilfe lieben, versorgen, begleiten und erziehen.

Letztlich haben wir nichts in der Hand, weder Gesundheit noch Erfolge. So sehr wir uns das für unsere Kinder wünschen – „machen" können wir es nicht für sie. Es gibt wohl keine Mutter und keinen Vater, die das nicht manchmal auch sehr deutlich erlebt hätten. Ich finde es wunderbar, dass wir mit der großen Aufgabe der Erziehung nicht alleine dastehen, sondern dass Gott, der mein Schöpfer ist und der meines Kindes, um alles weiß und immer da ist. Gott kennt meine Begrenzungen und hat mir schon oft geholfen, zum Beispiel Dinge gezeigt, die ich anders machen sollte, damit das Leben für mich und meine Familie gut läuft. Bei ihm finde ich auch Vergebung für all das „Unteroptimale".

Dieses Wissen um Gottes Fürsorge und die Möglichkeit, ihm meine Kinder zu bringen, empfinde ich als große Entlastung in meiner Verantwortung als Mutter. Insbesondere merke ich es dann, wenn es um ein Loslassen der Kinder geht: zum Beispiel, sie alleine aus der Schule zurückkommen zu lassen und auch dann ruhig zu bleiben, wenn sie nicht pünktlich sind. Wenn sie hohes Fieber haben, ist es gut, zu wissen, dass Gott auch diese Situation in der Hand hat. Das Gebet ist kein „Notnagel", sondern eine lebendige Kommunikation mit Gott, die die Beziehung zu meinem Kind umhüllt.

Zum Schluss zitiere ich noch eine Stelle aus der Bibel, weil ich sie besonders schön finde. Jesus gebraucht hier das Bild der Eltern-Kind-Beziehung als Beschreibung für die Beziehung, die wir Eltern selbst zu Gott haben dürfen. Lassen Sie sich von dieser Ermutigung anstecken!

„Bittet Gott, und er wird euch geben! Sucht, und ihr werdet finden! Klopft an, dann wird euch die Tür geöffnet! Denn wer bittet, der wird bekommen. Wer sucht, der findet. Und wer anklopft, dem wird geöffnet. Wenn ein Kind seinen Vater um ein Stück Brot bittet, wird er ihm dann einen Stein geben? Wenn es um einen Fisch bittet, wird er ihm etwa eine giftige Schlange anbieten? Wenn schon ihr hartherzigen, sündigen Menschen euren Kindern Gutes gebt, wie viel mehr wird euer Vater im Himmel denen gute Gaben schenken, die ihn darum bitten!" (Matthäus 7,7-11)